AF275314

SIN SANGRE

SIN SANGRE

LUCÍA JIMÉNEZ CARVAJAL

XI PREMIO VALPARAÍSO DE POESÍA

Valparaíso
EDICIONES

Número 580 de la Colección VALPARAÍSO DE POESÍA
dirigida por FEDERICO DÍAZ-GRANADOS

Diseño de colección y portada: Chari Nogales

Primera edición: mayo de 2026

© De los poemas: Lucía Jiménez Carvajal
© Imagen de portada: Laura Kell García

© Valparaíso Ediciones
C/ Fray Leopoldo, 7 bajo, 18014 Granada
www.valparaisoediciones.es

ISBN: 979-13-88007-62-0
Depósito Legal: GR 505-2026

Impreso en España - *Printed in Spain*
Gráficas Gami

*El papel utilizado para la impresión de este libro está calificado como papel ecológico
y procede de bosques gestionados de manera sostenible*

Un jurado compuesto por Lena Carrilero, Jota Santatecla, Fernando Valverde, Federico Díaz-Granados, Laura Pérez Marrero y Nieves García Prados, concedió por consenso el XI Premio Valparaíso de Poesía a *Sin sangre*, de Lucía Jiménez Carvajal.

Para todas las niñas que no supimos qué hacer con nuestras rodillas raspadas, para todos los adultos que no supieron qué hacer con tanto amor y tanto miedo al vernos sangrar.

Tal vez todo esto no sea más que una ilusión, pero no puedo poner en duda que lo sentí. El recuerdo es también una experiencia.

SHOHEI OOKA, *HOGUERAS EN LA LLANURA*

durante toda mi infancia cada vez que acudía a los brazos
de mi padre
llorando por una caída inesperada por un dolor latente
en mi rodilla
mi padre me abrazaba y me decía

A ve'

si no había sangre brotando de mi rodilla raspada
si solo había un chichón más en mi cabeza
si quizás solo alguien había roto mi diminuto corazón
si solo había magulladuras en mis piernas
mi padre solo observaba la superficie
y pronunciaba aquellas palabras:

ya está si no hay sangre no se llora
si no hay sangre no se llora

EL VERANO

No podríamos amar tanto la tierra si no hubiéramos vivido en ella nuestra infancia, si no fuera la misma tierra donde cada primavera crecían las mismas flores que recogíamos con nuestros dedos diminutos, sentados en la hierba, balbuceando... Los mismos escaramujos y espinos en los setos en otoño... Los mismos petirrojos que llamábamos «pájaros de Dios» porque no dañaban las preciosas cosechas. ¿Qué novedad puede compararse a esta dulce monotonía en la que todo se conoce y se ama, precisamente porque se conoce?

MARY ANNE EVANS, *EL MOLINO DEL FLOSS*

I

el verano comienza y termina en la infancia
esta tierra asfaltada
esos niños que lloraban en brazos de sus padres
aquellos niños tumbados en el asfalto en cualquier verano
    del 2000
yo luchando contra lo inevitable
buscando anclarme a algo más doloroso que al verano

nunca volverá el verano
los adultos olvidaron enseñarnos muchas cosas
olvidaron inventar otra palabra para nombrar el calor y
    las vacaciones cuando creciéramos
olvidaron hacerlo quizás porque olvidaron la sensación
    los deseos
el mismo día en que sus narices no reconocieron el olor
    del verano
la estrecha relación entre el verano la infancia los olores
    que se crean
y permanecen para siempre
como prueba irrefutable de que alguna vez
el verano existió más allá de nosotros
más allá de esta plaza abarrotada de niños

veo morir una segunda infancia
como se vacían lentamente las callejuelas
como los últimos niños de la calle crecen

inevitablemente

sin oponer resistencia

veo la muerte de dos infancias
la mía la de ellos la de todos
la misma infancia que vivieron nuestros padres
llenos de tierra y fango
los mismos juegos que ellos mismos nos enseñaron
como un secreto mal contado
para que este parque siguiese abarrotado

mientras ellos
creadores de juegos nos veían jugar
y vivían una segunda infancia
con menos nostalgia que recordar
que la de ver en nuestras caras la de ellos mismos
en la época previa a la bonanza

mientras ellos
viven una segunda infancia
mientras algunos ancianos nos acompañan
de sus manos —añiles— al parque
viviendo por primera vez una infancia a través de nosotros
yo vivo dos muertes

la plaza parece estar vacía esta vez ya para siempre

si el asfalto que nos tocó las pieles si los azulejos fragmentados
que nos hicieron sangrar las rodillas
si las paredes de cal y los bancos y los árboles y las cocheras

y los adultos a los que nuestra infancia bulliciosa les molestaba
   especialmente

hablaran

dirían *lloraste la primera vez que talaron un árbol*
dirían *contagiaste el llanto al vecindario*
y ya nunca más talaron un árbol
dirían *ahora mira*
como no puedes hacer lo mismo con la infancia

II

cada vez que suena el teléfono
mi corazón se acelera
pienso
será que alguien quiere vender la casa de los abuelos
será que me echarán del único hogar al que me aferro
que nadie toque los azulejos llamativos de esta casa
que nadie ose cambiar la endeble y vieja puerta de madera
    por una más segura
he cruzado
la casa incalculables veces
para saludar a mi padre
—su pelo lleno de caracoles
su pelo todavía negro
sus manos golpean fuertes los últimos clavos de una silla —
para pedir dinero y comprar chuches que ya no existen
para salir a jugar a la plazoleta que están cambiando
para salir al mundo que también cambia
hoy me siento frente a un terapeuta
y le digo que me aterran los cambios
mañana lloro en la casa de mis abuelos
si permanezco aquí en el sofá rojo inmóvil
yo también permaneceré estática en el tiempo
mis metas mi ser mis piernas no crecerán más si yazco en
    esta casa
trasladaré a mis padres junto al otro sillón
los mantendré a salvo de la vida que sigue fuera
saldremos solo por las noches a la puerta
todos juntos con nuestras sillitas de playa

conviviremos con las mismas personas
que parecen no cambiar tan rápido como las que se marchan
    a la ciudad
quizás me permitiré sentirme niña
jugar un par de veces al escondite antes
de volver de nuevo a la casa de mis abuelos
y cruzarla de noche
a oscuras
porque tengo que alimentar a la niña que se sienta junto
    a mí en la puerta
y que llamo *amiga*
tengo veinte años y entiendo
que no se puede vivir de la nostalgia
que quizás yo también tenga que estudiar en una ciudad
y cuando vuelva quizás se haya extendido
esta idea de la que nunca se habla en sus cabezas
habrán arrancado el tejado de uralita por temas de salud
pero yo solo veo
los cuadros que siguen inertes
en el primer sitio donde alguien los colocó
antes de que yo pudiese caminar
las caras las formas mis muñecas en aquel cuarto
mis pies ajetreados por la casa en busca de una tarde
    memorable
a mi madre llamándome para recoger la merienda
que compartiré por un par de golosinas
el mismo mantel verde donde
yo aún leo
donde yo estoy escribiendo esto
aún me acurruco en el sofá rojo y lloro
con mis piernas sobre mi pecho

aún cuando me buscan
saben que me hallarán sobre el sofá
en forma fetal como si aquella casa fuese
el útero que me protege
saben que estaré sentada quizá
en aquel sofá mirando a lo lejos las caras de los cuadros
qué haré si la destruyen
a dónde irán a buscarme
dónde estaré cuando me encuentren triste y sola
cuánto puede pesar aquel diminuto sofá si me lo llevo a cuestas
si lo desplazo eternamente sobre mis hombros
¿mi escoliosis temprana fue por acarrear recuerdos cuando
      aún no existían?
cómo puedo hacer que un objeto se haga eterno
que las personas que se sienten en él
que las personas que crucen la casa se detengan
y sientan lo mismo que yo
me conformaría con que sus ojos se volviesen más claros
empujados por ese sentimiento que se asoma justo detrás
      de los ojos
y en la barbilla junto al torpe aire que se cuela en mis pulmones
      y me hace más pequeña
mucho más pequeña que cuando me sostuve por primera vez
sobre mis dos piernas en aquella casa
cuando rechacé aquella comida y disgusté a algún adulto
más pequeña y más miedosa que nunca
se vuelven mis ideas
cuando suena el teléfono
cuando vuelvo después de un tiempo
cuando escribo este poema
y me digo *que no evoque sus deseos*

y me digo *la culpa será mía si evoco la idea*
por qué los adultos derriban casas donde algún día fueron
   muy felices
de dónde viene el afán de hacer cimientos
el único lugar donde el verano duraba toda una vida

III

era verano
cuando la mirada de mi madre
me hizo llorar de inmediato
fue como arrancarle el llanto a un recién nacido

aún no comprendo por qué

ahora eres toda una mujer mi niña ya es toda una mujer

aquella mancha se abría paso en mi ropa
sin yo quererlo
hacía de los veranos un luto
sumiéndome en un secreto impenetrable
en casi un pecado para la niñez

a partir de aquella mañana de julio
tuve que esconderla de los otros niños
como mi única forma de perdón

de aquel tiempo recuerdo
las mentiras nerviosas
el cloro lejos de mi piel
el intento de autocompresión dolor
las miradas de otras niñas curiosas esperando de mí algo:
    una profecía

de aquel verano recuerdo
las palabras de mi madre

vuestras miradas ancianas sobre mi torso
palabras como *pobrecilla* o *mujer*

¿era la sangre muerta de mi infancia?

mamá
¿aún p-puedo ser niña?

IV

mientras las niñas jugaban
y ansiaban ser madres
y ser todo lo adultas posible
yo solo quería asegurarme
de que todo lo que sostuviera entre mis brazos
siempre fuese pasajero

donde otros niños veían ternura
al ver a los adultos conocidos
ser padres jugar con sus hijos vivir en el pueblo
tener una vida estable y segura
yo sentía una enorme tristeza
era como asistir al entierro de un desconocido

mis manos se cierran sobre sí mismas
ante cualquier forma de vida adulta
como un miedo que todavía no se ha inventado

un miedo al que no puedo ponerle nombre

V

en las noches de verano la vida parecía cobrar sentido
no solo para nosotros que escribiríamos siempre sobre
    volver a aquel tiempo
nosotros le dábamos sentido a sus largas jornadas de trabajo
que veían sus frutos en las horas menos calurosas
en aquel espacio no existía el trabajo asalariado
solo niños mayores destinados a observar nuestra felicidad
    en sus sillas de playa
hombres recién duchados con camisas abiertas mujeres
    con vestidos florales y redecillas en el pelo
zaguanes abiertos al vecindario
todos podían compartir entre ellos el pan las últimas
    habladurías y las consecuencias de pasar las mismas
    horas trabajando
todos podían ver en nuestros rostros redondos y felices
    los frutos de tanto trabajo
en la mesa había campo risas niños alborotados vecinos
    con sus sillas en la calle
había una misma mesa para todos y nosotros corriendo a
    su alrededor
en las noches de verano la vida parecía cobrar sentido
    para todos
todo era armonía y felicidad
pero también había un trapo en mis piernas
también había una tela fina que cubría la piel que quedaba
    desnuda de mis piernas de niña
para cuando los hombres se sentaran a mi alrededor

LA VERGÜENZA

Todo lo que formaba parte de nuestra existencia se convirtió en algo de lo que avergonzarse

ANNIE ERNAUX, *LA VERGÜENZA*

I

el comportamiento de los hombres es extraño

hay una mesa con platos calientes
hay una niña que llega a casa y llora y nombra la violencia

y hay un hombre que hace retumbar su puño sobre la
    mesa un niño que cierra la puerta
con la suficiente fuerza como para hacerse ya hombre

y hay una niña también que llora porque ha hablado de violencia
todavía no sabe no entiende por qué hablar de violencia
    implica más violencia
y hay una madre que llora porque su hija sabe qué es la violencia
y porque sobre la mesa ya no hay cuatro platos
hay una frase colgada de sus bocas de adultos que dice:
guárdalo siempre no se lo digas a nadie hay violencia pero también
hay malas lenguas debes vivir con la violencia pegada al paladar
sujétala con la lengua para que no se te escape nunca hay violencia
pero también hay malas lenguas
a los diez años me enseñaron que debía sujetar el cuerpo de
    cristo en el mismo hueco
justo en el mismo paladar
debajo: mi lengua las palabras
arriba todo lo demás: la violencia y el dios que nos libra de ella

—guardar una hora de ayuno antes de recibir el cuerpo de
cristo—
—sujetarlo con la misma fuerza con la que debía guardar
toda violencia—

hoy el dentista me ha dicho que deben ampliar mi paladar
habrá que poner ortodoncia para expandir solamente el
cielo de mi boca

II

una mano en mis hombros
otra en la cara me acaricia
el mundo es tan grande
y mis ojos son tan pequeños
como lo son mis manos y mis piernas
como esta casa tan vieja
como este amor—estas dinámicas que son
un cuerpo unas manos que me tocan el hombro
soy una bestia una yegua
vuestras manos son estribos
sé dónde mirar porque hay una mano en mi hombro
porque hay una mano en mi cara que me acaricia
el amor a veces es un bocado una brida
el amor a veces es violento
mis ojos son tan pequeños
y el mundo es tan grande
el amor se asemeja al mundo
no sé con qué comparar el mundo
yo soy pequeña no imagino algo más grande
que lo que me sujeta
que no es la gravedad sino unas manos

criar a un hijo debe de ser complicado

III

corro por el pasillo
semidesnuda
los pechos tapados con mis manos
el suelo está frío mis pies mojados la ropa tendida sobre
   mi cama
la adrenalina que sube por mis muñecas
cuándo comencé a taparme los pechos
cuándo comencé a clavarme la hebilla del sostén en la
   columna
dormir tapada hasta sentir vergüenza
de mi propia existencia
de lo que supone mi existencia para los demás
te sudan las manos si un hombre se me acerca
aun si ese hombre lleva mi sangre
aun si ese hombre vive bajo el mismo techo
y lo besas por las noches

IV

tu mirada una manta en lo alto de mi cuerpo
una manta que cae
y se extiende desordenada a mis pies a mi cabeza
la siento caer sobre mí
sobre mi cara pasiva y quieta
sobre mis ojos cerrados y mis labios tan quietos para
    decir algo

estoy despierta

sé por tu voz que el peso que siento sobre mi cuerpo
es tu mirada que me evalúa como sujeto fallido
dejo que me mires un rato más con pena o decepción
nunca podremos hablar de esto
dejo que te regocijes en un dolor y en mi imagen
porque si abriese los ojos inmediatamente
no sé si te daría tiempo a mirarme con amor
y no sé si mi cuerpo podría soportarlo

V

cuando mi hermano cumplió quince años
le pusieron sobre el hombro derecho
una caja de madera de pino
pesaba
se reflejaba en la rigidez de su cuerpo
su mirada confusa triste o confusa
sus hombros aún de niño sus manos su pelo las expectativas
cargar con la muerte con hombros de niño
mi madre o
¿mi abuela?
las mismas prendas
la misma ropa negra
los mismos gestos en su anciana cara
en la nueva comisura de sus labios
apretados entre sí hasta hacerse más pequeños
ahora mi madre es anciana
qué lugar ocupo yo entonces
mis hijos desperdigados por un parque que no existe
mis hijos impacientes me esperan *nosedónde*
de pronto no siento nada
no tengo instinto maternal
miro a mi madre vestida de negro
miro a mi madre y veo a una anciana que guarda luto
es aquí donde nace la vejez
la vejez emerge cuando entierras a alguien
y ocupas su lugar
mi hermano a cada paso menos niño
mi hermano a cada paso no parece mi hermano

yo estoy sentada en un banco caoba
allí mismo sentada recibí la catequesis
allí sentada creé un dios a mi medida
a la medida de mis padres
me incorporo me besan las mejillas mojadas
me digo tengo que llorar la gente lo espera
sus ojos lloran y yo lloro aunque no los conozca
el llanto es contagioso
una fila
diez mil rostros me besan las mejillas las manos
me miran directamente a las pupilas me dicen *te pareces a ella*
mi dolor: una cola de supermercado en una ermita del
    siglo xix
yo lloro porque mi madre llora porque todas las personas
    que quiero lloran
lloro porque ellos lloran
quiero abrazar al hombre niño que carga con aquel féretro
quiero lanzarme y caminar a su lado hasta llegar
hasta llegar hasta aquel lugar prohibido
me dicen *no puedes*
la desaprobación en los rostros del pueblo
tu sitio está aquí
un tumulto de hombres de niños hombres y de hombres
    se alejan andando por el pueblo
nosotras nos quedamos solas en la casa del Señor
protegidas por un hombre omnipotente
que no llora como nosotras porque no aparece entre nosotras
yo cobijo a mi madre recién anciana
deseo acompañar al hombre niño
mis mejillas son besadas por extraños que se disculpan
y que dicen que me quieren

a lo lejos un féretro un tumulto color negro
el pueblo y su muerte

VI

nos tomamos las manos
unas a otras
nuestras pálidas manos
se buscan entre ellas
y se entrelazan
como los cimientos de un edificio

nuestras manos dicen lo mismo
nuestras manos hablan de estar vivas
unas frente a otras
sujetándonos el silencio
las responsabilidades que se esconden tras las palabras
el lenguaje estaba también en las manos
nuestras manos
torres gemelas
los cimientos en las manos de otras
cómo hacer del caos menos caos

nos aferramos con las manos
al dolor de las otras
nuestras pálidas manos
se buscan entre ellas como cuando éramos niñas
estamos en el césped en corro
nos damos las manos
hacemos una mueca aludiendo a la nostalgia
dónde quedó el conejo de la suerte
dónde fue la templanza de aquel tiempo
los problemas parecían lejanamente infinitos

nadie nos enseñó a hablar en esta lengua
seguimos dándonos las manos
en este parque que no reconozco
descubrimos entonces la lengua muerta de nuestros
padres y ancestros
con la pala de plástico la enterramos para siempre
con los cimientos que nos quedan apretamos nuestras manos

VII

siento haberte escrito aquel poema feo cuando era adolescente
siento haber escrito aquel poema que nunca nadie ha leído
lo siento tanto
recuerdo la herida
una herida común en el estómago
una herida que yo no tengo
una herida que compartimos
porque tú me hiciste ver la cicatriz el dolor
porque volviste a abrírtela ante mí para decirme
hay heridas
yo no dejaré que haya una en ti
y te odié por señalar con tu dedo la sangre que emanaba de ti
te odié cuando el charco nos rodeó a todos
los pies de quienes me mecían con seguridad en sus brazos
    estaban empapados
de una violencia de antaño
aprendí a agarrar la fregona y limpiar la sangre de las
    baldosas de una forma adecuada
para no expandir más sangre para no manchar a más
    gente inocente
porque igual que me enseñaste la herida me enseñaste a
    esconderla
me enseñaste cómo hasta hoy habíais sobrevivido tanto
    tiempo con una hemorragia latente
hacer que la sangre no llegase nunca bajo ningún concepto
    a la calle
tapiar las puertas con cemento si hiciese falta
ahogarnos en litros de sangre si lo considerásemos oportuno

ayudarnos en silencio como una promesa
intentar evitar esta herida en nuestras hijas
hacer que te odien de adolescente por ello
verlas crecer y percatarse de cómo el daño es inevitable
ver cómo tu sangre se ha incrustado en su piel ya para siempre

VIII

veo a otras niñas
con las bocas cosidas y pintura en sus manos
empujadas al entierro de su infancia
ya no yacen las campanas cerca de las tumbas
no hay quienes las salven
las niñas comienzan a dejarse las uñas largas a tomar
    biotina para que no se les rompan
y así poder arañar la madera y la tierra durante más tiempo
hasta que su sangre misma les cubra el rostro
siento las astillas en mis manos el cieno en la boca
y el poco aire que les queda como si fuesen hermanas mías
las niñas salen vestidas y muertas
con harapos sucios y con las miradas acusadoras a lo
    largo de sus cuerpos
siento el frío y la muerte temprana
las miradas desembocan en sentencias con pena de vida
    todo daño es poco
mujer debes vivir con esto
veo a niñas demasiado niñas
con trenzas largas anudadas a lo largo de sus cuellos
y con vientres de no-niña
siento su sangre esparcida por los sucios callejones frecuentados
    por los mismos bien vestidos y hostiles caballeros
que empujan a las niñas a su última carrera
que estremecen sus respiraciones y su niñez púrpura y
    las hacen llorar cuando cae —y no— la noche
oigo las voces de los caníbales correr a su encuentro
grito y corro torpemente frenética como si la infancia fuese mía

me miro a mí misma desde la distancia que me otorga
    un plateado plato
redondo y sucio donde yacen mis ojos recién ensangrentados
no sé si me miran con pena
no sé si miran ya a las otras niñas
me los he arrancado con propias manos
no quiero ver a más niñas muertas
no quiero verlas huir de los caníbales y hostiles caballeros
me los arranco con mis dedos y sus astillas
como a cada una de ellas les fue arrancada su infancia
me tiemblan los párpados vacíos de ojos
las siento en los mordiscos de los gusanos en mis cuencas
como hermanas mías

EL AMOR

Mi madre quiere saber
por qué, si odio
tanto a mi familia,
me puse a ello y
formé una. No
respondo a mi madre.
Lo que odiaba
era ser una niña
no poder elegir
a quién amar.
LOUISE GLÜCK, *ARARAT*

I

el amor que me enseñaron era el de la sangre
unidos irremediablemente por consanguinidad o saliva
cuando te casas te casas para siempre la familia es la familia la
familia es lo primero
mi marido no sabrá a qué curso irán mis hijos
no sabrá planchar ni los quehaceres domésticos
le sacaré cada día cuidadosamente la comida en un plato
          después de horas preparándola
tendrá siempre el plato caliente sobre la mesa
sobre una mesa donde yo no estaré donde nunca me sentaré
no comeré
porque andaré revoloteando alrededor de la casa
guardando como cancerbero la hora sagrada del almuerzo
sustentándolos de pan agua cubiertos atenciones
y platos eternamente calientes

comeré un poco de pan en una esquina de la cocina
como mi madre

II

era preciosa
mi momento favorito del día
era verla aparecer con las mejillas rojas
y el pelo recogido en dos tiernas coletas
a menudo me temblaban las piernas
y el color rojo de sus mejillas
hacía enrojecer las mías
era una niña
y yo también
solo se podía tratar de envidia
no era posible un amor entre dos niñas
no era posible que me alborotase el estómago
el simple sonido de su risa
a veces los niños
me producían la misma risa nerviosa
no era envidia
el amor entre un niño y una niña sí era posible
imaginaba a menudo en mis más dulces sueños
una casita blanca muy cercana al mar
con visillos blancos y las ventanas abiertas
donde vivíamos las dos juntas
no era amor
el amor entre dos niñas no era posible

III

la ternura era que mi padre nos dejase ver los dibujos a
    la hora de comer
en otras casas los niños no toman estas decisiones
no eligen qué ver a la hora del almuerzo
mi padre era menos hombre que los otros hombres
menos hombre que los padres de mis amigas
porque un hombre tiene que decidir qué se ve en su casa
    a la hora del almuerzo
porque a un hombre exhausto de trabajar no le importa
    demasiado qué haría más ameno para un niño tragar
    las verdísimas espinacas
pero mi padre trabajaba las mismas horas que los demás
    hombres
llegaba exhausto y ansioso por su plato
y miraba el mando del televisor con deseo
y le gustaba escuchar los telediarios atento

cuando nos miraba inmediatamente empujaba hacia
    nosotros como un puente aquel mando

IV

de niña no sueñas con un amor como el de tus padres
pero sabes qué es el amor porque ellos te lo muestran
con los gestos y su ausencia
su amor es legítimo
no romántico ni cuidadoso
una madre te enseña todo lo que necesitas saber para
    salir al mundo
te enseña a quitar cualquier mancha a coser un
    dobladillo a ser educada y atenta
te dice *quiero que tú estudies*
te dice *quiero que seas feliz*
te sujeta hasta que sabes caminar
también te enseña a qué tipo de hombre no deberías amar
qué tipo de amor no deberías nunca tener
hace que los mires eternamente durante todo su eterno
    matrimonio
hasta que esa idea se fije en tu mente

V

tu amor es tan antiguo como la tierra
tu amor se esconde en la profundidad de las casas
el amor que aprendiste es subsistencia
sabes arar la tierra con 8 años
sabes qué hora del día es sin un reloj a mano
pero no sabes cuál es el amor que yo quisiera tener
no puedes saberlo no puedes teorizar sobre los cuidados
porque apenas tienes 8 años y sabes arar el campo
sabes más de cuidar la tierra que de cuidar un matrimonio
sabes cómo trazar un hueco en la arena una línea con tu
    pie para plantar las semillas más rápido y hacerlas
        crecer durante el resto de meses hasta llegar a la
        mesa y a nuestros platos
pero no sabes dar besos en la frente ni sorprender con rosas
desconoces todo tipo de romanticismo
con 7 años te dijeron cómo recoger el algodón del campo
pero nadie te dijo cómo debe amar un hombre
qué desear más allá de una casa o una familia bien alimentada
con 5 años te retorcieron las orejas como castigo y lloraste
entonces te golpearon las yemas de tus diminutos dedos
    con una regla
una y otra vez una y otra vez una y otra vez
hasta que dejaras de llorar
y te comportaras como un hombre

VI

dios creó al hombre
y el hombre creó el arte la música la poesía mi lengua
pero el hombre también creó la riqueza
que hace sudar a mi padre a las 2 de la tarde mientras
    sentada lo espero
el hombre creó también la riqueza
que hace que los poemas que escribo en mi diminuto
cuaderno mientras espero a mi padre
sean inútiles porque no dan dinero
no sé de dónde viene la riqueza
pero sin duda no de la tierra ni de mis cuadernos
la riqueza viene de los hombres
que no trabajan la tierra tanto como mi padre
los hombres también inventaron la posesión de las tierras y
    los cuerpos
el matrimonio y el trabajo asalariado
por eso la tierra que tanto trabaja mi padre
la tierra que mi abuelo aró durante años no nos pertenece
nos pertenecen los restos las semillas algún fruto picado
nos pertenece mantenerlas con vida trabajarlas
y desear un futuro mejor para nuestros hijos
nos queda empapar una camisa vieja mientras a lo lejos
    ves a tu hija escribir en el cuaderno que le has comprado
        para que la espera a la sombra le sea más amena
porque quieres verla crecer
aunque sea bajo la sombra de un árbol que no nos pertenece
solo nos queda el deseo de que aquel árbol dé sus frutos
y sea siempre frondoso para que cubra siempre sus ojos

que me reclaman y que no entienden
nos queda cumplir su deseo sentarnos bajo el árbol a
comernos los frutos y contemplar la belleza y la
brutalidad del paisaje cada día con una
camisa limpia y en las horas menos calurosas
permanecer allí solo por la belleza

ÍTACA

Yo soy el Pecado de Perceval
yo dejé en mi pueblo
a mi madre encerrada en una casa de piedra
sentada
comiendo nueces quizás
viendo consumirse
las rosas
que plantamos juntas.
PAULA MELCHOR, *AMOR Y PAN*

I

todo adolescente necesita tener al menos un secreto que guardar
una experiencia ilícita prohibida surgida del deseo o de la
adolescencia
todo adolescente necesita ese hueco que se crea entre él y
el mundo
donde equivocarse experimentar crecer
todo adolescente necesita también la certeza la seguridad
de tener los brazos de una madre
al otro lado de ese hueco

II

cuándo fue la última vez
que caminé con diminutos pasos agarrada tiernamente
de una mano áspera cultivada por la madera y el campo
   cerca de aquel puesto
mi mirada altiva y alegre
tengo la nariz roja
todavía lo veo
aunque no esté
aunque ni siquiera me encuentre allí
cierro los ojos y lo veo
siempre de noche
cruzar la avenida
el humo de las castañas
siempre es de noche siempre es invierno
siempre mis piernas torpes corretean apresuradas a sitios
   que ya no frecuento
que han dejado de existir
son los lugares prohibidos de la infancia
clases extraescolares a las que jamás volveré
casas por las que no volverán a resonar mis pisadas
—no con la misma frecuencia no parecen ser los mismos
   pies—
ya no paseo por aquella avenida
apenas he vuelto a pisar sus baldosas en años
pero es invierno es la hora
en mi memoria estoy pasando
sé que el humo vuelve a cruzar la avenida sé que la gente
   hace cola

sé con la certeza de los sabios que aquel hombre sigue
allí postrado ante el puesto siempre inmóvil en el
invierno de mi infancia
sin importar los estragos del tiempo que no nos encontremos
en la misma ciudad que no volveré a pasar corriendo
tarde hacia las clases de inglés
el humo se pierde por la misma dirección
las castañas que queman son guardadas como tesoros en
aquel cucurucho grisáceo
yo sigo caminando con prisa porque llego tarde a algún sitio

III

si tuviera en mis manos
una lámpara de los deseos
un amuleto antiguo que guardase
algún atisbo de magia
y con solo frotarlo
con las yemas de mis dedos
pudiese pedir un deseo
yo desearía
yo pediría
rogaría con clemencia
volver al vientre de mi madre

permanecer allí
a la espera de las vidas que no tuve

permanecer allí
tranquila quieta cómoda   atorada en tu útero

mamá
por qué me empujaste
aquí fuera hace frío
aquí fuera tengo miedo
aunque siga herméticamente
protegida entre tus brazos
aunque durante años
me hayas alimentado de tu propio pecho
y en el presente
siga acomodándome en él y en tus palabras

aunque me antepongas
día a día
a tu propia vida
sin que parezca
que hayas hecho un esfuerzo extraordinario
nada
absolutamente nada
se puede comparar
a la coraza de tu vientre

IV

todos los pueblos parecen ser iguales
me conmueve ver lo tierno de mi infancia en otros pueblos

todos los pueblos parecen ser iguales
pero yo no soy la misma en todos los pueblos
en cualquier lugar soy una niña que observa
en un pueblo soy una niña que se reconoce
y quiere permanecer allí para siempre

la tierra y el sol son parecidos en cualquier pueblo
el invierno y las personas también son parecidos en cualquier
    pueblo

todos los pueblos parecen ser iguales
pero yo no soy la misma en todos los pueblos
porque yo no he vivido en todos los pueblos
yo nunca viví en aquel pueblo que señalé con el dedo y
    del que dije *me parece bonito y luminoso*
del que anuncié *podría vivir allí para siempre mis hijos también*
    podrán ser felices

todos los pueblos parecen ser iguales
pero yo no fui una adolescente en todos los pueblos
yo no paseé por las aceras y miré el sol y a los pájaros
y me crecieron los pechos y las piernas y viví la angustiosa
    edad de los catorce-quince- dieciséis-diecisiete en aquel
        pueblo que me parece tan precioso y tranquilo
            para vivir

ahora pienso en mis hijos que no tengo
en dónde les gustaría vivir a ellos
dónde serían plenamente felices
de qué lugar nunca querrían escapar

V

tenemos que elegir
dónde volverán en verano nuestros hijos
la distancia del mar a nuestra casa
los nombres que repetiremos por los siglos de los siglos

me pone triste pensar que algún anciano olvidará nuestros
    nombres
que alguna vez existimos

deberán nuestros hijos volver cada verano
para recordarles nuestra presencia
con nuestras caras en sus diminutos rostros

cariño el mar no debe quedar demasiado lejos
qué son unos niños sin el mar

cómo reconocerán a nuestros hijos cuando compren el
    pan de cada día
debemos vivir en Andalucía eso sí lo sé /creo/
para querernos necesitamos sol y folklore

me preocupa que nuestros hijos no ceceen
qué es un hijo sin mi acento

me pone triste pensar que alguien me olvide
a mí y a nuestros hijos que aún no existen
que me perciban como un recuerdo lejano y extraño

las calles del pueblo y el campanario
qué será de ellos si elegimos otro pueblo donde vivir

dime el sitio perfecto que perpetúe nuestra existencia lejos
de estas voces que cuchichearían sobre nuestros
hijos y sobre nosotros si nuestro primogénito besa a
alguien por primerísima vez en el zaguán

tenemos que elegir un lugar que esté a la altura de nuestro
amor perfecto
de nuestros hijos morenos y diminutos
que sea digno de nuestro amor

VI

hemos dado un paseo por tu pueblo de mil habitantes
miro las casas y nos imagino dentro
ya no me importa nada de lo que he escrito antes
podemos vivir aquí para siempre si quieres
todas las casas tienen jardín y podemos ver las montañas
    a lo lejos
en aquel terreno podríamos construir una casa donde
    crecer junto a nuestros hijos
donde ver envejecer nuestras manos

quizás podríamos pasar aquí la eternidad

veo el sol escondiéndose detrás de las montañas
es una sensación parecida a la del mar
sería como ver el mar todos los días
piénsalo

ya no me importa qué personas recordarán nuestros nombres
ya no me importa nada de lo que he escrito antes
podemos vivir aquí para siempre si quieres

ÍNDICE

ÍTACA